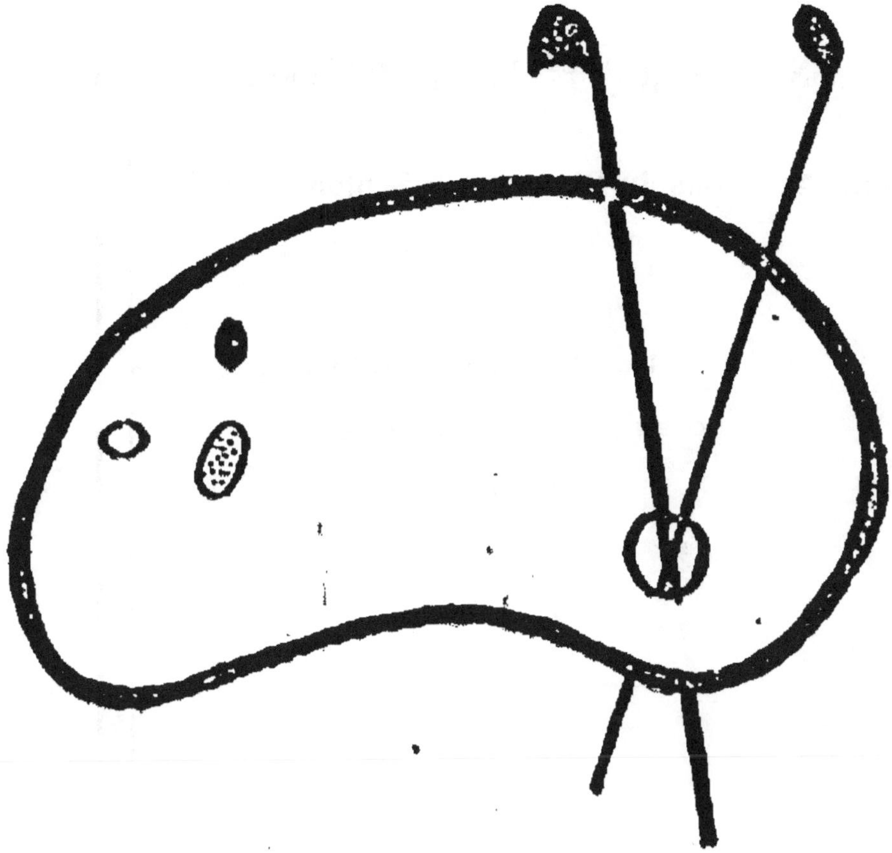

DEBUT D'UNE SERIE DE DOCUMENTS
EN COULEUR

RELATION D'UN PÈLERINAGE

A SAINT-JACQUES DE COMPOSTELLE

Faite au Prône du Dimanche 2 Septembre 1883

PAR

M. l'abbé Edmond JASPAR

DOYEN DE SAINT-JACQUES

A DOUAI

DOUAI

LOUIS DECHRISTÉ PÈRE, IMPRIMEUR BREVETÉ

RUE JEAN-DE-BOLOGNE.

— 1883 —

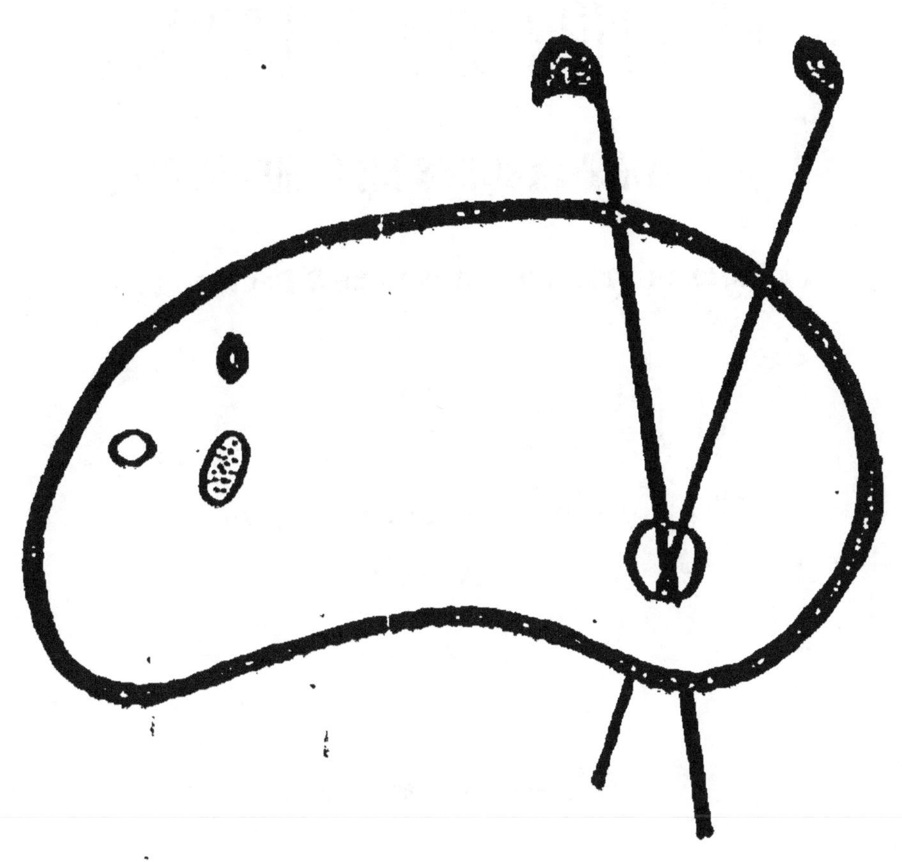

FIN D'UNE SERIE DE DOCUMENTS
EN COULEUR

RELATION D'UN PÈLERINAGE

A SAINT-JACQUES DE COMPOSTELLE

Faite au Prône du Dimanche 2 Septembre 1883

PAR

M. l'abbé Edmond JASPAR

DOYEN DE SAINT-JACQUES

A DOUAI

<hr>

DOUAI

LOUIS DECHRISTÉ PÈRE, IMPRIMEUR BREVETÉ

RUE JEAN-DE-BOLOGNE.

— 1883 —

Nord
394
83

> *« Laudemus viros gloriosos, et parentes nostros in generatione suâ. »*
>
> *« Honorons les héros qui furent nos pères dans la foi et dont nous sommes la race... »*
>
> *(Eccli., XLIV, 1.)*

MES FRÈRES,

C'est pour répondre à cette invitation de nos Saints-Livres que j'ai entrepris, il y a un mois, le pèlerinage dont je vous ai promis la relation. Il ne m'a laissé que des actions de grâces à rendre au Seigneur, qui m'en a inspiré la pensée, et à vous, mes chers Paroissiens, qui, par vos filiales prières, m'avez si puissamment aidé à l'accomplir. C'est une consolation pour moi de vous assurer que, de mon côté, je ne vous ai jamais non plus oubliés dans les miennes, ce qui m'était bien facile, du reste, car je puis répéter, avec saint Paul, que si j'étais absent de corps, mon cœur ne vous avait point quittés. Dieu permet qu'aujourd'hui la réunion soit complète, aussi mon premier devoir est-il de l'en remercier.

Il y a bien longtemps déjà, mes Frères, que j'avais conçu le projet dont je viens vous raconter la mise à exécution. Depuis dix ans que je suis à Saint-Jacques, j'avais toujours rêvé d'aller chercher, en Espagne, sur le tombeau de notre glorieux Patron, les bénédictions et les grâces nécessaires au pasteur non moins qu'au troupeau. L'énorme distance à franchir, pour atteindre mon but, m'avait d'abord fait hésiter. Il s'agissait, en effet, d'un trajet de plus de cinq cents lieues à travers un pays d'accès difficile, n'offrant souvent que de pauvres gîtes et des vivres plus misérables encore, où les communications sont si peu sûres que les courriers cheminent escortés de gendarmes, et où je n'avais pas moins de deux nuits consécutives à passer en diligence au milieu des montagnes.

Telles étaient mes premières objections. Mais je me répliquais à moi-même qu'on n'est pas curé d'une église consacrée à saint Jacques, le pèlerin par excellence, sans avoir grâce d'état pour accomplir un grand pèlerinage; que plus l'entreprise est ardue, plus elle est méritoire; que les obstacles, au moins aussi nombreux autrefois que de nos jours, n'avaient point arrêté les foules pieuses qui se sont donné rendez-vous à ce sanctuaire pendant tout le Moyen-Age; que ces difficultés n'avaient découragé ni les saints, comme saint Dominique, saint François d'Assise, saint Bernardin de Sienne, sainte Brigitte de Suède et saint Benoît Labre; ni les rois et les empereurs, comme Louis XI, Ferdinand d'Aragon, Isabelle de Castille, Charles-Quint et Jacques III d'Angleterre; ni même nos propres ancêtres à nous, Douaisiens, puisqu'en 1452, — l'année qui précéda la prise de Constantinople par les Turcs, — assez de bourgeois de Douai avaient fait le voyage de Compostelle pour pouvoir se constituer en confrérie spéciale, et obtenir un peu plus tard, en 1526, la permission de fonder, en faveur des pèlerins pauvres, de passage en notre ville, l'hôpital du Petit-Saint-Jacques, situé rue Jean-de-Gouy, et dont le local et la chapelle sont occupés aujourd'hui par les Frères des Ecoles-Chrétiennes (1).

Voilà ce que je me disais, et j'ajoutais, pour me stimuler, que le pèlerinage de Compostelle est l'un des trois plus grands du monde ; qu'il a été mis par les Souverains-Pontifes sur le même rang que la visite des Saints-Lieux de Jérusalem et du tombeau des Apôtres à Rome, si bien que quiconque a fait le vœu de s'y rendre ne peut en être relevé que par le Pape lui-même.

Mais, d'autre part, je me trouvais absolument seul, — le compagnon que j'attendais ayant été empêché au dernier moment,—et il me fallait affronter des chaleurs d'au moins 40 degrés à l'ombre, et... d'autres *aridités* encore, celles, par exemple, d'une langue étrangère... Je ne me laissai point davantage ébranler par ces derniers arguments, et, confiant dans la protection de mon ange gardien, et dans le secours de vos bonnes prières, dont j'ai plus d'une fois constaté visiblement l'efficacité, je partis.

(1) Le donateur de cet immeuble se nommait Simon Braquet. Jean Delporte et Catherine Rapareillé, sa femme, augmentèrent cette fondation, par leur testament du 20 septembre 1625.

Me voilà donc en route pour l'Espagne, terre de héros et d'immortels souvenirs, berceau des grands conquérants et des grands saints, sol tout imprégné de poésie, de patriotisme et de foi, contrée qui dut toutes ses gloires au Catholicisme, et qui, grâce à lui, fut la dominatrice de l'Ancien et du Nouveau-Monde.

Entré dans la péninsule Ibérique par Irun et Saint-Sébastien, je traversai le pays basque, encore tout semé des vestiges de l'insurrection carliste; je passai par Burgos, ville natale du Cid; par Palencia, dont l'Université vit fleurir saint Dominique; par Léon, où régna Pélage, le chevaleresque fondateur de la monarchie espagnole; je pénétrai dans la partie des monts Cantabriques qui sert de barrière à la Galice (1); puis, remontant jusqu'au port de La

(1) Les convenances de la chaire ne m'ont pas permis de mettre en relief, comme je puis le faire ici, le caractère étrange, original de ce voyage poursuivi, la nuit, dans une voiture emportée par onze mules et un cheval, galopant, deux par deux, le long des lacets pratiqués à

Corogne, situé à la pointe nord-ouest de l'Espagne, je descendis enfin à la cité fameuse où repose glorieusement, depuis dix-huit siècles, le premier Apôtre martyrisé pour la foi à Jérusalem, saint Jacques-le-Majeur, fils de Zébédée et de Marie-Salomé, frère aîné de saint Jean l'Evangéliste et cousin-germain de Notre-Seigneur Jésus-Christ, selon la chair.

La ville où ces précieuses reliques ont été apportées, du port de Joppé (1), par deux disciples de saint Jacques, se nomme, en espagnol, *Santiago de Compostela*, ce que nous traduisons, nous, par *Saint-Jacques de Compostelle* ou *Saint-Jacques en Galice* (2).

coups de mine au flanc des montagnes. Je crois revoir encore le conducteur ou *mayoral*, dirigeant avec une imperturbable gravité son immense attelage; le postillon ou *delantero*, chevauchant en tête des six couples de mules, toutes pomponnées de bleu, de jaune et de rouge ; et enfin le petit *zagal* courant sans cesse, tantôt à droite, tantôt à gauche, pour stimuler de la voix, du geste et surtout du bâton les bêtes paresseuses ou rétives. Je crois toujours entendre le tintement sonore des grelots éveillant les échos de la nuit; et cette vision fantastique, se détachant sur un ciel serein, tout étincelant d'étoiles, et dans l'encadrement de majestueuses montagnes, reste ineffaçablement gravée dans la mémoire.

(1) Aujourd'hui JAFFA.

(2) Beaucoup d'étymologistes font dériver le mot *Compostelle* de la contraction de deux mots espagnols Giacomo apostolo (Jacques, apôtre).

J'ai encore présent à l'esprit le souvenir de mon arrivée.

C'est le vendredi 3 août, vers cinq heures du matin, que les hauts clochers de la cathédrale m'apparurent à l'horizon. Je fis alors ce que faisaient nos pères : descendant de la voiture avec mes compagnons de route, je m'agenouillai tout bouleversé par l'émotion, et je baisai respectueusement la poussière sacrée foulée par les pas de tant de milliers de pèlerins. Puis, oubliant la fatigue de mes quarante heures d'insomnie, je courus à la Basilique, où il me fut donné d'offrir le Saint-Sacrifice pour vous tous, mes bien aimés Paroissiens, sur le tombeau du bienheureux Apôtre. Des fleurs desséchées s'y trouvaient encore, provenant de la récente fête du 25 juillet: j'y mêlai mentalement vos cœurs, fleurs vivantes, et je demandai à saint Jacques qu'il les parfumât de vertus, surtout qu'il les remplît de sa foi et de son zèle, pour que vous vous montriez toujours ses dignes enfants...

N'attendez pas de moi la description détaillée des magnificences entassées par la piété reconnaissante des Espagnols et des autres peuples dans cet incomparable sanctuaire. Je me bornerai à dire qu'il est de style romano-byzantin et que sa vaste enceinte, construite en belles pierres grises, se partage en six nefs entourées de 25 chapelles et séparées par 58 groupes de colonnes admirablement sculptées. L'or, l'argent, les bijoux y scintillent de toutes parts. Le granit lui-même y est découpé comme de la dentelle et monte en gracieux festons jusqu'au sommet des tours, où se balancent des cloches qui s'entendent à dix kilomètres de distance.

Mais c'est surtout la chapelle principale (*capilla mayor*) qui étale aux regards des splendeurs inouïes.

Elle s'élève au-dessus d'une crypte occupée par la tombe du Saint, et renferme un autel monumental de jaspe et d'améthyste incrustés d'argent, dont la construction a duré vingt ans et coûté des sommes immenses. Cet autel sert de piédestal à la statue assise de saint Jacques, en costume de pèlerin, c'est-à-dire avec le large chapeau, la panetière, le bourdon, la gourde et les coquilles. Tous ces attributs

sont d'or, d'argent ou de pierres précieuses,
d'une valeur incalculable. Derrière l'autel règne
un escalier magnifique que les fidèles gravis-
sent à la file, aux jours solennels, pour aller
baiser la pèlerine d'argent de la sainte statue.

Impossible de vous donner une idée du res-
pect, de l'amour et de la dévotion des Galiciens
et de leurs compatriotes pour le saint Apôtre
qu'ils proclament le patron de l'Espagne et
des Indes, et à la protection duquel ils rap-
portent les principales victoires gagnées par
eux sur les Sarrasins et les Maures. Aussi la
ville de Santiago tout entière n'est-elle, pour
ainsi parler, qu'un vaste musée construit en
l'honneur de saint Jacques, et un assemblage
de dépendances de la cathédrale. Il y a là,
pour les pèlerins étrangers, des hospices qui
sont de merveilleux palais, dûs à la munifi-
cence des rois (1) catholiques Ferdinand et Isabelle. Puis ce sont des couvents aux cloîtres
superbes ; des édifices de toute sorte avec
jardins intérieurs, eaux jaillissantes et somp-
tueux portiques ; de spacieuses écoles, une
Faculté de médecine et une Université célèbres

(1) *Los Reyos catholicos*, c'est la virile appellation consacrée par
l'histoire.

dans toute l'Espagne. En un mot, la vue de cette ville, si pittoresque par sa situation et son aspect, si curieuse par ses monuments et ses usages, récompense bien le voyageur des fatigues qu'il a endurées pour s'y rendre et le plonge dans un ravissement qui ne fait que s'accroître à mesure qu'il y prolonge son séjour...

Oh ! que j'ai eu de peine à m'en arracher, et que je serais heureux si mon exemple, joint au rapide croquis que je viens d'esquisser, pouvait déterminer quelques-uns d'entre vous à renouer la tradition, trop longtemps interrompue, des pèlerinages douaisiens à Saint-Jacques de Compostelle. Certes, aucun d'eux ne s'en repentirait.

Les difficultés d'itinéraire vont, d'ailleurs, notablement s'amoindrir, puisque, vendredi prochain, 7 septembre, doit avoir lieu l'inauguration d'un nouveau tronçon de chemin de fer destiné à relier la ligne de la Galice à La Corogne, et à ne plus laisser ainsi qu'un trajet de dix heures à fournir en voiture jusqu'à Santiago.

Quant à ceux d'entre vous qui doivent renoncer à l'espoir de tenter jamais ce lointain pèlerinage, ils s'en dédommageront en redoublant d'amour pour leur chère église de Saint-Jacques, de Douai, qui, non-seulement, est érigée sous le même vocable que la Basilique de Compostelle, mais qui possède aussi quelque chose du saint Apôtre: cette relique consiste en une parcelle de son chef sacré, chef qui fut apporté de Santiago en France, au IXe siècle, par l'empereur Charles-le-Chauve, et divisé en deux parts dont l'une est conservée à la cathédrale d'Arras, et l'autre à la collégiale d'Aire-sur-la-Lys. Quelle consolation pour nous tous, mes chers Paroissiens, de pouvoir vénérer ici des restes authentiques de celui qui reçut de Jésus le magnifique surnom de Fils du Tonnerre, qui fut l'un des trois témoins privilégiés de la transfiguration et de l'agonie du divin Maître, et qui versa, le premier, son sang pour sa cause !...

Un auteur espagnol raconte que, l'an 1040, l'évêque Esteban, qui passait sa vie dans l'église de Compostelle, y vit entrer une troupe de paysans, accourus pour célébrer une fête particulière du saint Apôtre, et qui se mirent à l'invoquer naïvement sous la qualification de « brave soldat. » Et l'évêque de reprendre ces pauvres gens et de leur dire que saint Jacques avait été pêcheur et non militaire. Or, la nuit suivante, l'Apôtre apparut au prélat, non plus seulement à cheval et brandissant l'épée, tel qu'il se montra miraculeusement, en 834, à la bataille de Clavijo, gagnée sur les Maures, mais en uniforme de capitaine espagnol, et il lui prédit la prise de Coïmbre, qui, effectivement, s'accomplit le lendemain (1).

Mes Frères, les circonstances exigent qu'à l'exemple de notre saint Patron, nous sachions échanger les occupations pacifiques pour l'intrépide défense de notre foi. Du magnifique édifice de croyances et d'institutions religieuses que nous avaient légué les vieux âges, il n'est presque plus un seul point aujourd'hui qui ne soit envahi ou menacé par les ennemis de Dieu : ayons donc l'œil, la main et le cœur

---

(1) Fr. Bernard Foyo, auteur d'un manuscrit intitulé : *Ensayo de Disertacion historica sobre la Iglesia, Silla Episcopal, ministros y Cabildo de Santiago, en los tiempos primitivos, esto es, desde el año 813 hasta mediado el siglo XII.* — Sec. 1ª n. 58.

partout, et que les insuccès ne nous découragent point. Étrange anomalie! Nous sommes infiniment moins dignes du secours d'en haut que ne l'étaient nos pieux ancêtres, et nous nous impatientons, nous nous scandalisons de ne point l'obtenir aussitôt que nous l'avons demandé; tandis que les Catholiques espagnols n'eurent pas moins de *trois mille* rencontres avec les mécréants avant de recouvrer pleinement leur indépendance. N'importe, ils retournaient sans cesse à la lutte en s'écriant : « Saint Jacques! l'Espagne combat! » Imitons leur invincible obstination, nous qui avons le même protecteur et les mêmes adversaires, et l'heure du triomphe finira par sonner.

Ainsi soit-il !

COPIE

*d'une attestation de pèlerinage à Compostelle,
imprimée sur parchemin
et délivrée à un pèlerin de l'Artois, en 1650 (1)*

DOCTOR DON PETRVS de Arguelles & Valdes, Sanctæ Compostellanæ Ecclesiæ Decanus, & Cauonicus, necnon Pœnitentiarius eiusdem almæ Ecclesiæ (IN ABSENTIA CARDINALIS MAIORIS DON GVNDISALBI DE LA ESCALERA ET QVIROGA.) Omnibus ac singulis præsentes literas inspecturis salutem in eo, in quo est vera salus. Cum deuotus in Christo sicut accepi prædictam Ecclesiam, in qua sanctissimi Apostoli IACOBI Maioris Zebedæi, vnici ac singularis Ilispaniarum Patroni & Protectoris integrum Corpus, sub Altari maiori miraculose collocatum, indubitanter requiescit, personaliter visitauerit, & alia pietatis opera, more peregrinorum, præstiterit, vt id omnibus constet, præsentes

(1) Cette pièce fait partie de la riche collection de M. Dancoisne, d'Hénin-Liétard, qui a eu l'obligeance de nous la communiquer.

TRADUCTION.

LE docteur don **PIERRE** de Arguelles y Valdès, doyen et chanoine de la sainte église de Compostelle, et Pénitencier de ladite illustre église (**EN L'ABSENCE DU CARDINAL MAJEUR DON GONZALVE DE LA ESCALERA Y QUIROGA**). A tous et à chacun de ceux qui verront les présentes lettres, salut en Celui de qui vient le véritable salut.

Il est arrivé à ma connaissance que le dévot serviteur du Christ N... a visité en personne la susdite église (où, d'après une indubitable croyance, le corps du très saint Apôtre Jacques-le-Majeur, fils de Zébédée, unique et spécial Patron et protecteur des Espagnes, repose tout entier, miraculeusement placé sous le Maître-Autel), et qu'il y a rempli d'autres pieux devoirs, suivant l'usage des pèlerins. Or, voulant que la chose soit bien constante pour tous, je lui ai délivré le présent certificat, valable pour une année seulement, à dater du jour ci-dessous indiqué, et je recommande instamment, par les entrailles de Jésus-Christ, ce même pèlerin à tous les chrétiens ses frères, afin que si, contraint par le besoin, il s'adresse à eux pour en obtenir un secours, ils l'accueillent avec une compatissante cordialité et l'assistent des biens qu'ils ont reçus de Dieu. Puissent-ils ainsi, grâce à cet acte de charité et aux autres exercices de vertus qui les rendront participants de tous les suffrages de l'auguste église de Compostelle, parvenir au céleste Royaume que Dieu a promis ! En foi de quoi, j'ai signé de ma propre main et scellé du sceau ordinaire la présente cédule.

Donné dans la Basilique majeure de la ville de Compostelle, en notre chapelle du Roi très chrétien

ei literas, per annum dumtaxat, à die infrascripto valituras dedi, eundemque omnibus Christifidelibus in eiusdem Christi visceribus obnixè commendo, vt si quando ad eos, necessitate cogente, eleemosynam petiturus accesserit, eum piò benignèque suscipiant, ac de acceptis à Deo bonis iuuent, vt per hoc & alia virtutum exercitia omnium eiusdem almæ Compostellanæ Ecclesiæ suffragiorum participes facti, ad promissum à Deo Cœleste Regnum tamen pervenire valeant. In quorum fidem præsentes literas solito sigillo munitas, manu propria subscripsi. Datis in Compostellæ vrbis Ecclesia maiori, in Capella nostra Christianissimi Regis Franciæ. Anno Domini millesimo sexcentesimo quinquagesimo
die verò   mensis

de France (1). L'an du Seigneur mil six cent cinquante... le... du mois de...

(*Signature*).

Nous croyons devoir ajouter au curieux document qu'on vient de lire un renseignement qui a aussi son intérêt : c'est que dans les archives de Douai (registre aux testaments), il est fait mention, pendant une période embrassant 13 années du XV° siècle, de six testaments de douaisiens laissant à leurs héritiers la charge d'un pèlerinage à faire à Saint-Jacques en Galice.

Voici les noms de ces six testateurs :

Le 17 *avril* 1434, Philippart de Flèches, époux de Robertine Descaudain ;

21 *mai* 1438, Willemette de Thunes, femme de Jacquemart des Courtiaux ;

Même année 1438, Jehanne Darras, veuve de Jehan-Léonard Marchier ;

21 *février* 1445, Pierre le Micquier ;

30 *août* 1445, Willot de Le Lys ;

11 *novembre* 1447, Gillot de Hesdin.

(1) Cette chapelle, appelée aussi Chapelle du Sauveur, date de l'an 1105. C'est là que pendant longtemps on donna la sainte Communion aux pèlerins et qu'on leur distribua les attestations de pèlerinage. Elle prit le nom de *Chapelle du Roi de France*, depuis que Louis XI la dota d'une rente annuelle de 300 florins d'or pour l'entretien de trois chapelains qui devaient y dire la sainte messe tous les jours.

Douai.—L. Dechristé, imprimeur breveté, rue Jean-de-Bologne.

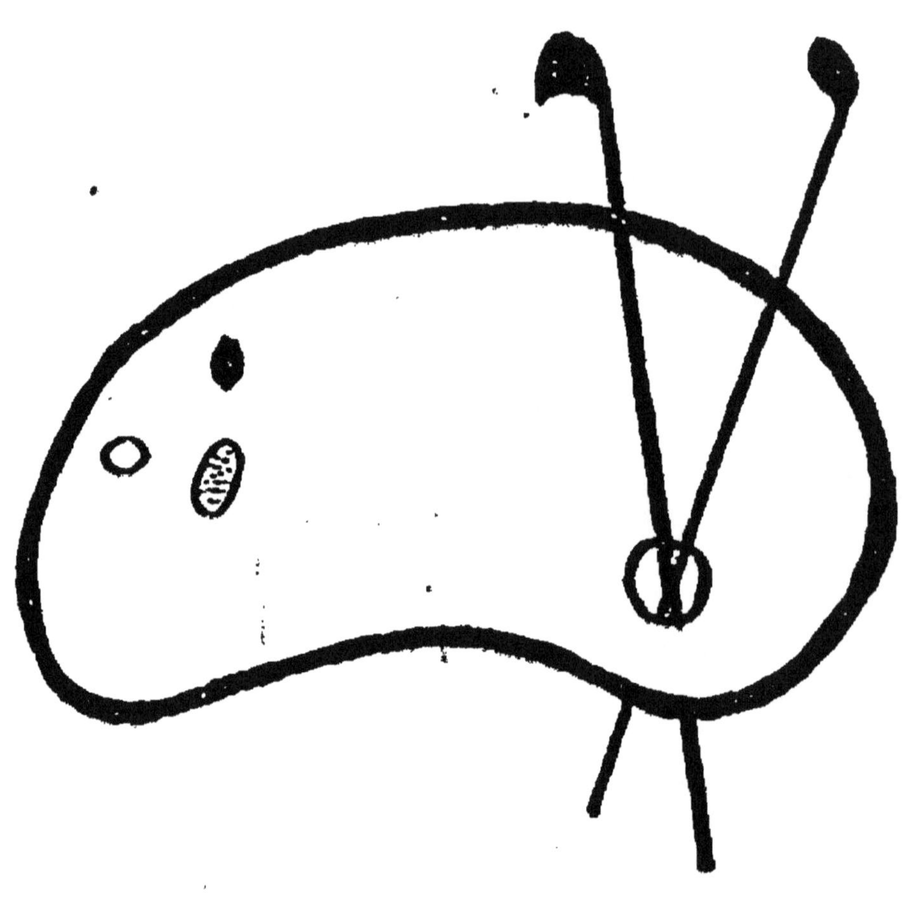

ORIGINAL EN COULEUR

NF Z 43-120-8

www.ingramcontent.com/pod-product-compliance
Lightning Source LLC
Chambersburg PA
CBHW051206050726
47594CB00007B/3089